Impressum
Verlag: BABADADA GmbH, Nedderfeld 112 , 22529 Hamburg
Geschäftsführer / Verlagsleitung: Harald Hof
Druck: Books on Demand GmbH, In de Tarpen 42, 22848 Norderstedt

Imprint
Publisher: BABADADA GmbH, Nedderfeld 112 , 22529 Hamburg, Germany
Managing Director / Publishing direction: Harald Hof
Print: Books on Demand GmbH, In de Tarpen 42, 22848 Norderstedt, Germany

school

de School

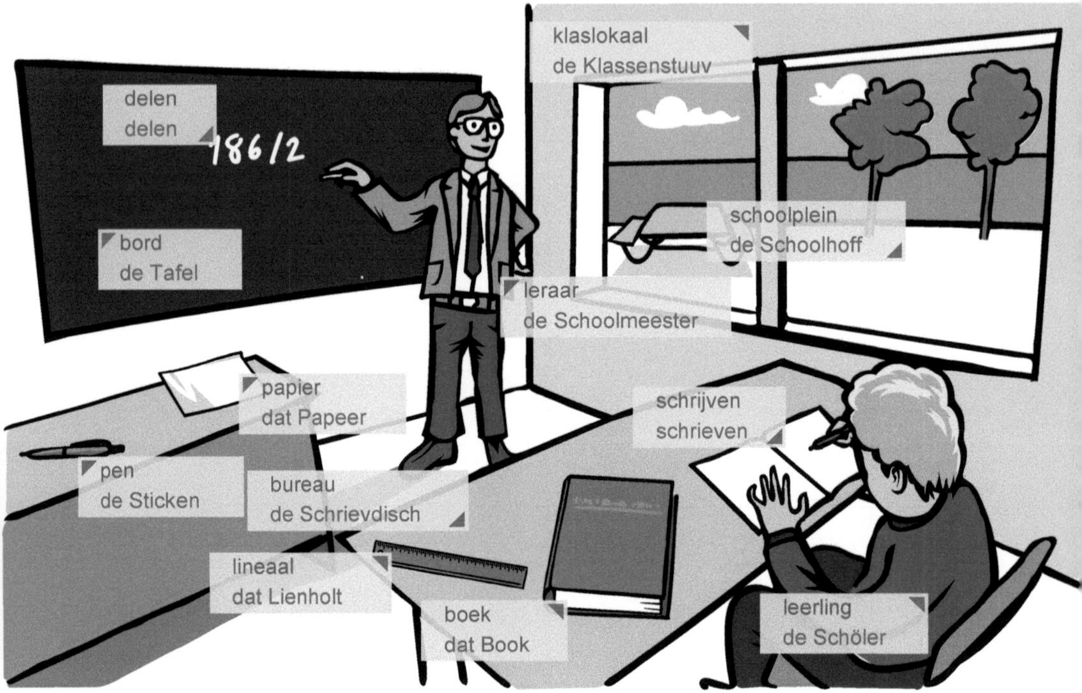

klaslokaal
de Klassenstuuv
delen
delen
186/2
bord
de Tafel
schoolplein
de Schoolhoff
leraar
de Schoolmeester
papier
dat Papeer
schrijven
schrieven
pen
de Sticken
bureau
de Schrievdisch
lineaal
dat Lienholt
boek
dat Book
leerling
de Schöler

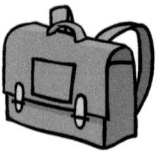

schooltas

de Ranzel

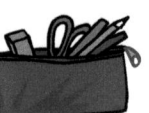

etui

de Feddermapp

potlood

de Bleesticken

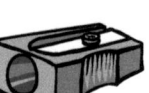

puntenslijper

de Scharpmaker

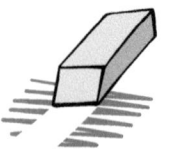

gum

dat Radeergummi

schetsblok

de Tekenblock

tekening

de Teken

penseel

de Pinsel

verfdoos

de Malkassen

schaar

de Scheer

lijm

de Klever

schrift

dat Heft to'n Öven

huiswerk

de Huusopgaav

12

getal

de Tall

2+2

optellen

tohooptellen

5-2

aftrekken

aftrecken

2×2

vermenigvuldigen

malnehmen

rekenen

reken

A

letter

de Bookstaav

ABCDEFG
HIJKLMN
OPQRSTU
VWXYZ

alfabet

dat ABC

woord

dat Woort

tekst

de Text

lezen

lesen

krijt

de Kried

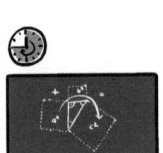

les

de Stunn

klassenboek

dat Klassenbook

examen

de Pröven

diploma

dat Tüügnis

schooluniform

de Schooluniform

opleiding

de Utbillen

encyclopedie

dat Nakieksel

universiteit

de Universität

microscoop

dat Mikroskop

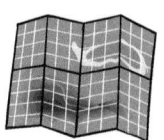

kaart

de Koort

prullenmand

de Papeerkorf

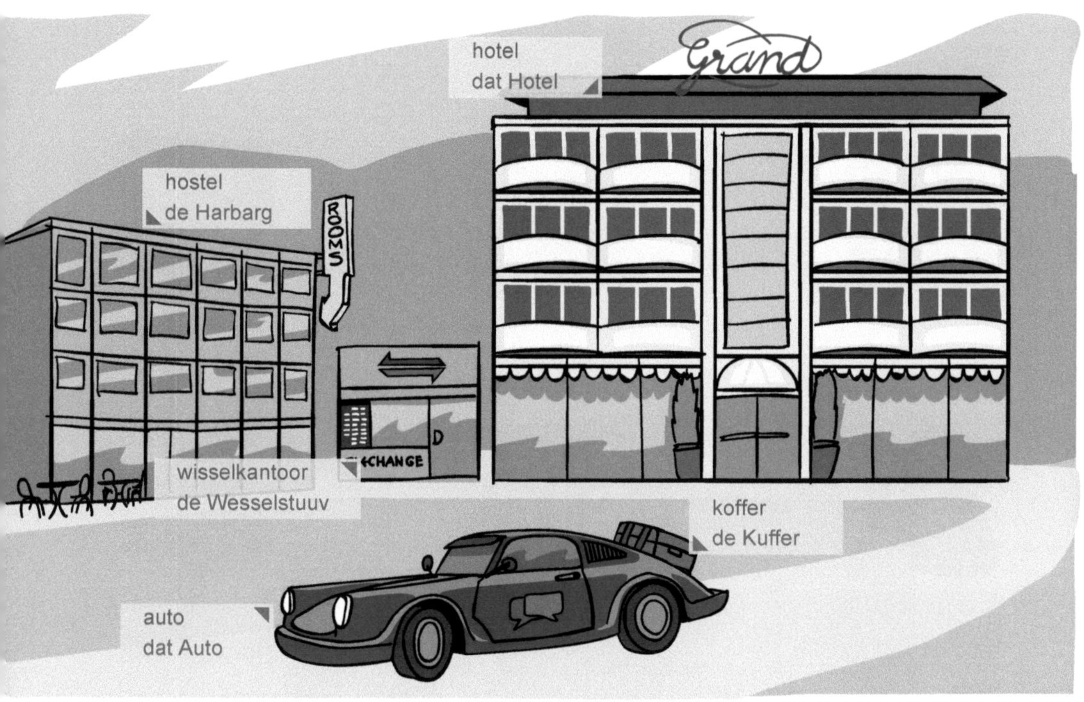

hotel
dat Hotel
Grand
hostel
de Harbarg
ROOMS
wisselkantoor
de Wesselstuuv
EXCHANGE
koffer
de Kuffer
auto
dat Auto

taal
de Spraak

ja / nee
jo / ne

oké
Jo

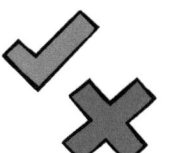

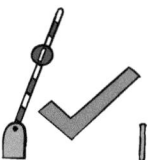

Hallo!
Moin

tolk
de Översetter

Bedankt.
Dank ok

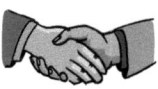

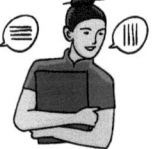

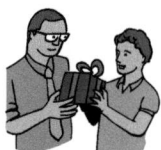

Wat kost ...?

Wat kost…?

Ik begrijp het niet.

Ik verstah nich

probleem

dat Problem

Goedenavond!

Goden Avend

Goedemorgen!

Moin!

Goedenacht!

Gode Nacht!

Tot ziens!

Tschüüs

richting

de Richt

bagage

de Bagaasch

tas

de Tasch

rugzak

de Rüchsack

gast

de Gast

kamer

de Stuuv

slaapzak

de Slaapsack

tent

dat Telt

VVV-kantoor

de Touristeninformatschoon

strand

de Strand

creditkaart

de Kreditkoort

ontbijt

dat Fröhstück

lunch

dat Meddageten

diner

dat Avendeten

kaartje

de Fohrkort

lift

de Fohrstohl

postzegel

de Breefmark

grens

de Grenz

douane

de Toll

ambassade

de Bottschop

visum

dat Visum

paspoort

de Pass

transport
de Transport

vliegtuig
de Fleger

schip
dat Schipp

brandweerwagen
dat Füerwehrauto

bus
de Autobus

vrachtauto
de Lastwagen

motorboot
dat Motoorboot

fiets
dat Fohrrad

auto
dat Auto

veerboot
de Fähr

boot
dat Boot

motorfiets
dat Motoorrad

politiewagen
dat Polizeiauto

raceauto
dat Rönnauto

huurauto
de Lehnwagen

carsharing

dat Carsharing

takelwagen

de Afsleepwagen

vuilniswagen

dat Müllauto

motor

de Motoor

benzine

de Kraftstoff

benzinepomp

de Tanksteed

verkeersbord

dat Verkehrsschild

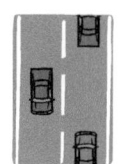

verkeer

de Verkehr

file

de Stau

parkeerplaats

de Afstellplatz

station

de Bahnhoff

rails

de Sporen

trein

de Tog

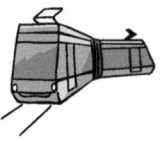

tram

de Stratenbahn

wagon

de Wagon

helikopter

de Dwarsmöhl

luchthaven

de Flooghaven

toren

de Tower

passagier

de Fohrgast

container

de Grootkist

verhuisdoos

de Karton

kar

de Koor

mand

de Korf

opstijgen / landen

starten / lannen

stad

de Stadt

dorp

dat Dörp

stadscentrum

de Binnenstadt

huis

dat Huus

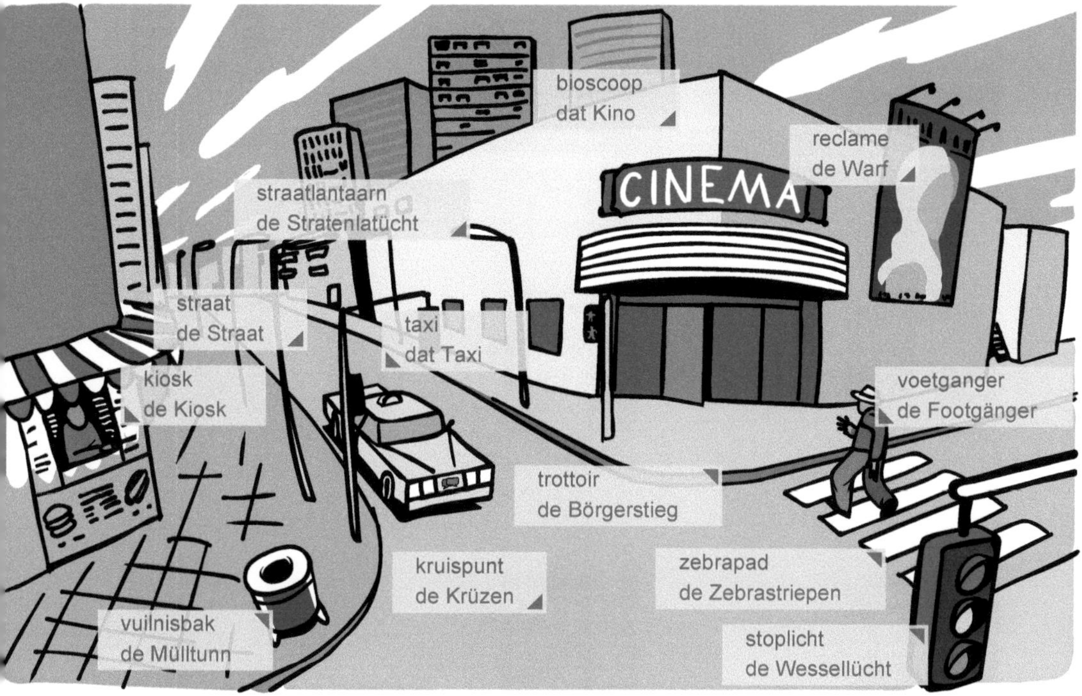

bioscoop
dat Kino

reclame
de Warf

straatlantaarn
de Stratenlatücht

CINEMA

straat
de Straat

taxi
dat Taxi

kiosk
de Kiosk

voetganger
de Footgänger

trottoir
de Börgerstieg

kruispunt
de Krüzen

zebrapad
de Zebrastriepen

vuilnisbak
de Mülltunn

stoplicht
de Wessellücht

hut
....
de Hütt

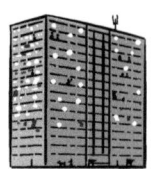

appartement
....
de Wahnung

station
....
de Bahnhoff

stadhuis
....
dat Raathuus

museum
....
dat Museum

school
....
de School

stad - de Stadt

universiteit

de Universität

bank

de Bank

ziekenhuis

dat Krankenhuus

hotel

dat Hotel

apotheek

de Afteek

kantoor

dat Büro

boekenwinkel

de Bookhökerie

winkel

de Hökerie

bloemenwinkel

de Blomenhökerie

supermarkt

de Supermarkt

markt

de Markt

warenhuis

dat Koophuus

visboer

de Fischhökerie

winkelcentrum

dat Inkoopszentrum

haven

de Haven

park
de Parkanlaag

bank
de Bank

brug
de Brüch

trap
de Trepp

metro
de Ünnergrundbahn

tunnel
de Tunnel

bushalte
de Busstoppsteed

bar
de Bar

restaurant
dat Spieslokal

brievenbus
de Breefkassen

straatnaambord
dat Stratenschild

parkeermeter
de Parkklock

dierentuin
de Deertenpark

zwembad
de Baadanstalt

moskee
de Moschee

boerderij
de Buernhoff

vervuiling
de Ümweltversmudden

begraafplaats
de Karkhoff

kerk
de Kark

speelplaats
de Speelplatz

tempel
de Tempel

landschap
de Landschop

blad
dat Blatt

wegwijzer
de Wiespahl

weg
de Weg

weide
de Wisch

steen
de Steen

boom
de Boom

wandelaar
de Wannerer

rivier
de Fluss

gras
dat Gras

bloem
de Bloom

vallei

dat Daal

berg

de Barg

meer

de See

bos

dat Holt

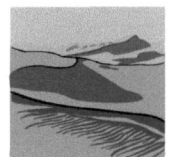

woestijn

de Wööst

vulkaan

de Füerspien Barg

kasteel

dat Slott

regenboog

de Regenbagen

paddenstoel

de Poggenstohl

palmboom

de Palm

mug

de Steekmück

vlieg

de Fleeg

mier

de Miegeemk

bij

de Imm

spin

de Spinn

kever

de Sebber

kikker

de Pogg

eekhoorn

de Katteker

egel

de Swienegel

haas

de Haas

uil

de Uul

vogel

de Vagel

zwaan

de Swaan

wild zwijn

dat Wildswien

hert

de Hirsch

eland

de Elk

stuwdam

de Staudamm

windmolen

dat Windrad

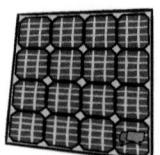

zonnepaneel

dat Solarmodul

klimaat

dat Klima

restaurant
dat Spieslokal

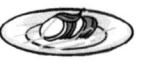

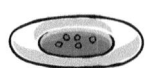

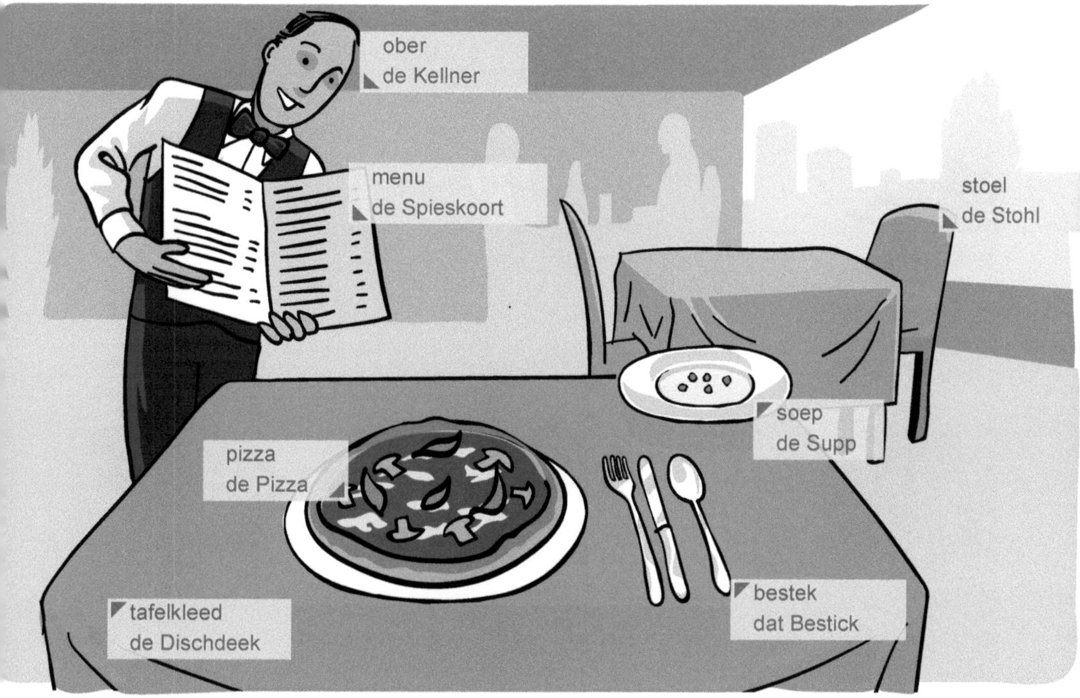
ober
de Kellner
menu
de Spieskoort
stoel
de Stohl
soep
de Supp
pizza
de Pizza
tafelkleed
de Dischdeek
bestek
dat Bestick

voorgerecht
de Vörspies

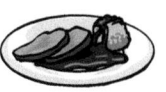

hoofdgerecht
dat Haupteten

toetje
de Nadisch

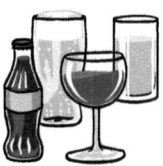

dranken
de Drünk

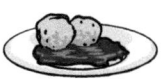

eten
dat Eten

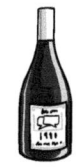

fles
de Buddel

fastfood

dat Fastfood

eetkraampje

dat Strateneten

theepot

de Teekann

suikerpot

de Zuckerdoos

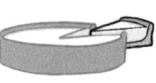

portie

de Portschoon

espressomachine

de Espressomaschien

kinderstoel

de Hoochstohl

rekening

de Reken

dienblad

dat Tablett

mes

dat Mess

vork

de Gavel

lepel

de Lepel

theelepel

de Teelepel

servet

dat Munddook

glas

dat Glas

restaurant - dat Spieslokal

bord
....
de Töller

soepbord
....
de Suppentöller

schotel
....
de Ünnertass

saus
....
de Sooß

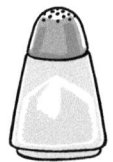

zoutvaatje
....
de Soltstreuer

pepermolen
....
de Pepermöhl

azijn
....
de Etig

olie
....
dat Ööl

kruiden
....
de Krüder

ketchup
....
de Ketchup

mosterd
....
de Mostrich

mayonaise
....
de Mayonnaise

supermarkt

de Supermarkt

aanbieding
dat Anbott
FOR
klant
de Kunn
zuivelproducten
de Melkprodukten
fruit
dat Aaft
winkelwagen
de Inkoopswagen

BUTCHERS

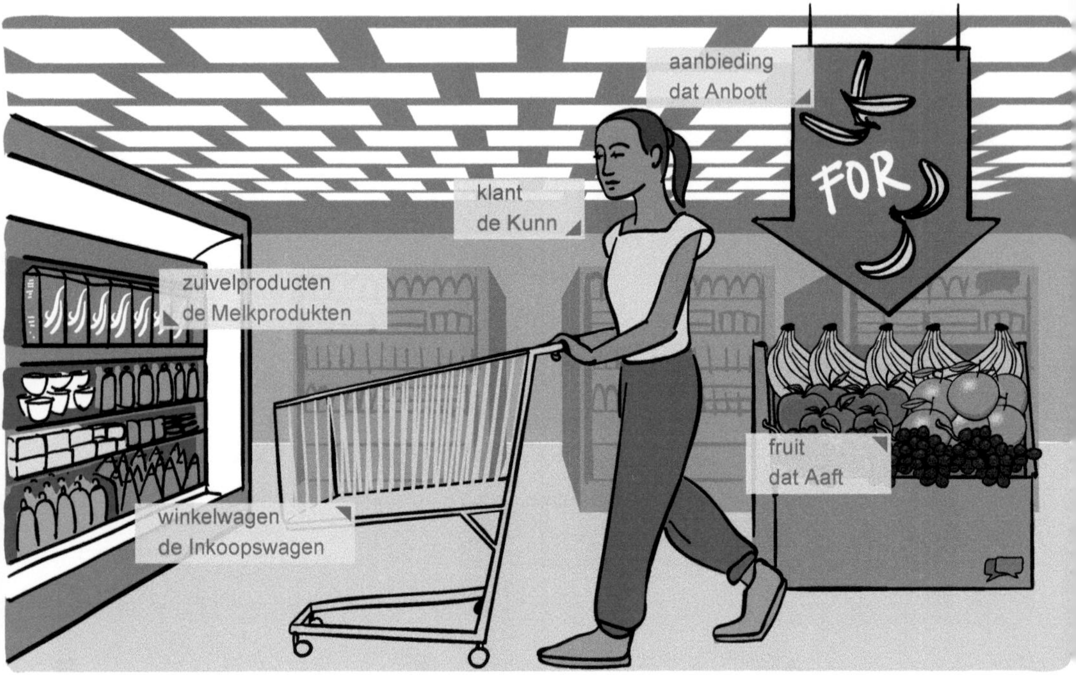

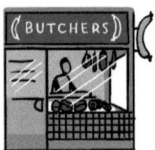

slager

de Slachterie

BAKERY

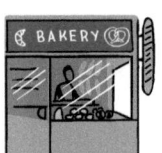

bakkerij

de Bäckerie

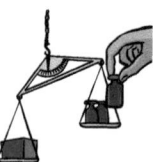

wegen

wegen

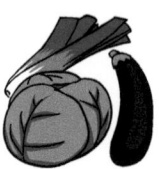

groente

de Gröönsaken

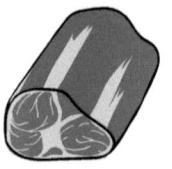

vlees

dat Fleesch

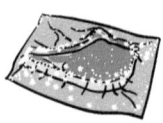

diepvriesproducten

de Deepköhlkost

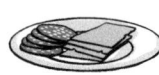

vleeswaren

de Opsnitt

conserven

de Konserven

wasmiddel

de Waschmiddel

snoepgoed

de Snoopkraam

huishoudelijke artikelen

de Huushooltssaken

schoonmaakmiddel

de Reinmaaktüüch

verkoopster

de Verköpersche

kassa

de Kass

kassier

de Kasserer

boodschappenlijstje

de Inkoopslist

openingstijden

de Opsparrtieden

portefeuille

de Breeftasch

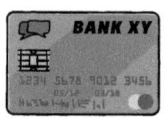

creditkaart

de Kreditkoort

tas

de Tasch

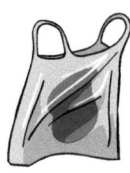

plastic zak

de Plastiktüüt

water

dat Water

sap

de Saft

melk

de Melk

cola

de Cola

wijn

de Wien

bier

dat Beer

alcohol

de Spriet

chocolademelk

de Kakao

thee

de Tee

koffie

de Koffie

espresso

de Espresso

cappuccino

de Cappucino

banaan

de Banaan

appel

de Appel

sinaasappel

de Appelsien

watermeloen

de Meloon

citroen

de Zitroon

wortel

de Wöttel

knoflook

de Knuuvlook

bamboe

de Bambus

ui

de Zibbel

paddenstoel

de Poggenstohl

noten

de Nööt

pasta

de Nudeln

spaghetti

de Spaghetti

rijst

de Ries

salade

de Salat

friet

de Pommes frites

gebakken aardappelen

de Braadkantüffeln

pizza

de Pizza

hamburger

de Hamborger

sandwich

dat Sandwich

schnitzel

dat Snitzel

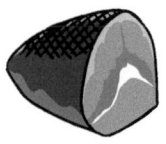

ham

de Schinken

salami

de Salami

worst

de Wust

kip

dat Hohn

gebraad

de Braden

vis

de Fisch

havermout

de Haverflocken

muesli

dat Müsli

cornflakes

de Cornflakes

meel

dat Mehl

croissant

de Croissant

broodjes

dat Rundstück

brood

dat Broot

toast

dat Toast

koekjes

de Keksen

boter

de Botter

kwark

de Quark

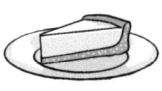

taart

de Koken

ei

dat Ei

gebakken ei

dat Spegelei

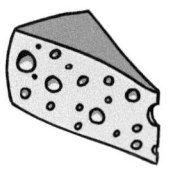

kaas

de Kees

ijs

de Ies

suiker

de Zucker

honing

de Honnig

jam

de Marmelaad

chocoladepasta

de Nougat-Creme

kerrie

dat Curry

boerderij
de Buernhoff

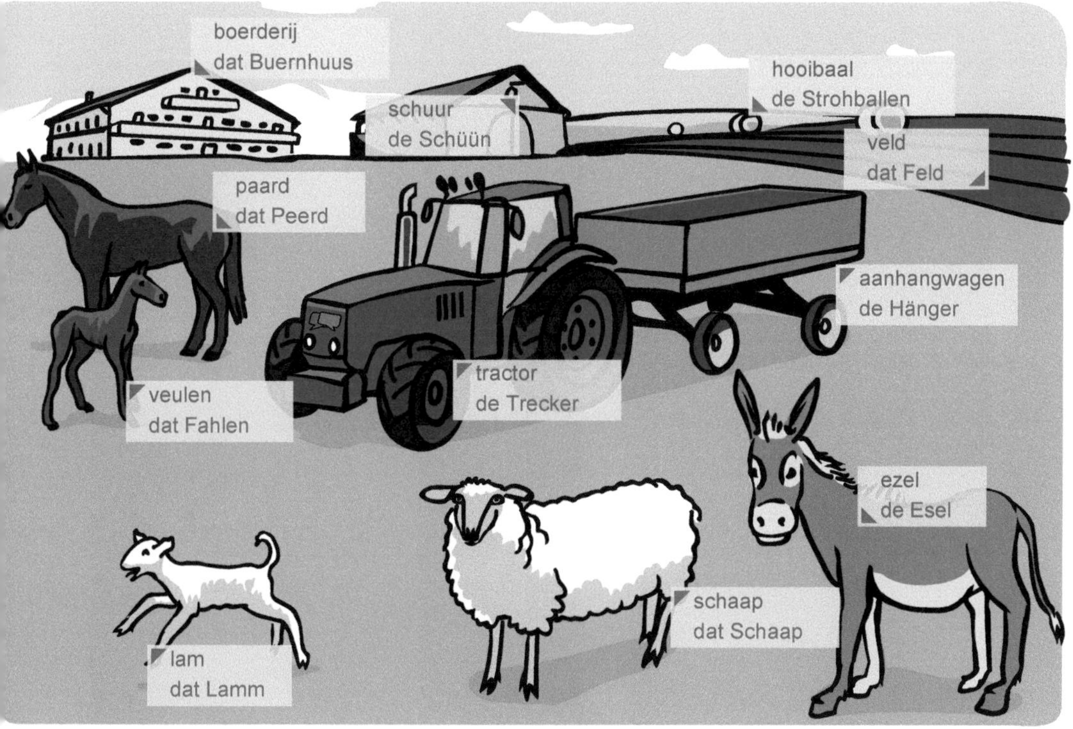
boerderij
dat Buernhuus
schuur
de Schüün
hooibaal
de Strohballen
veld
dat Feld
paard
dat Peerd
aanhangwagen
de Hänger
tractor
de Trecker
veulen
dat Fahlen
ezel
de Esel
schaap
dat Schaap
lam
dat Lamm

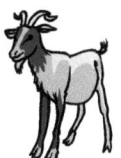

geit

de Zeeg

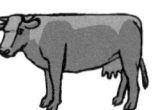

koe

de Koh

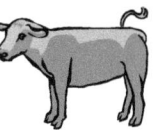

kalf

dat Kalf

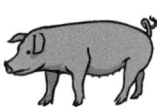

varken

dat Swien

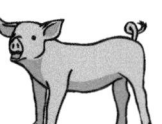

big

dat Farken

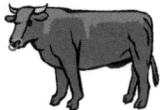

stier

de Bull

gans

de Goos

eend

de Aant

kuiken

dat Küken

kip

dat Hohn

haan

de Hahn

rat

de Rott

kat

de Katt

muis

de Muus

os

de Oss

hond

de Hund

hondenhok

de Hunnenhütt

tuinslang

de Goornslauch

gieter

de Geetkann

zeis

de Lee

ploeg

de Ploog

sikkel

de Sich

schoffel

de Hack

hooivork

de Mestfork

bijl

de Ext

kruiwagen

de Schuufkoor

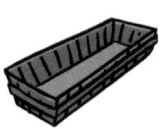

trog

de Trog

melkbus

de Melkkann

zak

de Sack

hek

de Tuun

stal

de Stall

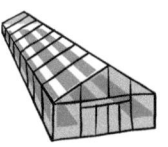

broeikas

dat Drievhuus

grond

de Bodden

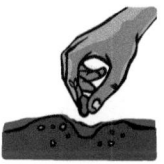

zaad

de Saat

mest

de Dünger

maaidorser

de Meihdöscher

oogsten

oornen

oogst

de Oorn

yam

de Yamswöttel

tarwe

de Weten

soja

dat Soja

aardappel

de Kantüffel

maïs

de Törksche Weten

koolzaad

de Rapp

fruitboom

de Aaftboom

maniok

de Troopsch Kantüffel

granen

dat Koorn

huis
dat Huus

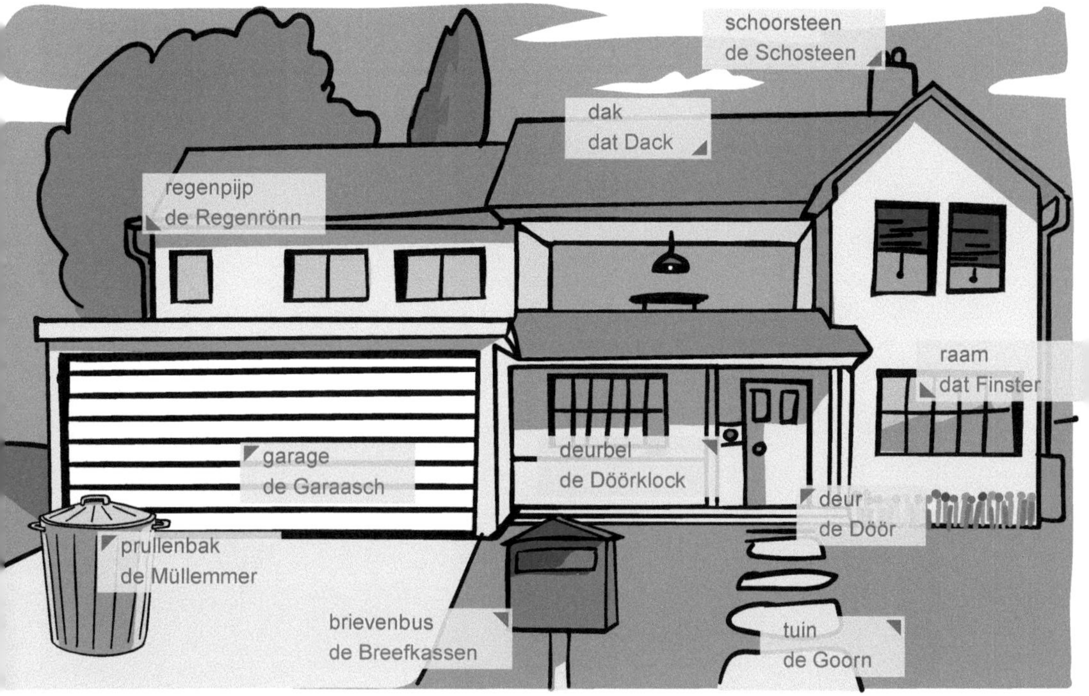

schoorsteen
de Schosteen
dak
dat Dack
regenpijp
de Regenrönn
raam
dat Finster
garage
de Garaasch
deurbel
de Döörklock
deur
de Döör
prullenbak
de Müllemmer
brievenbus
de Breefkassen
tuin
de Goorn

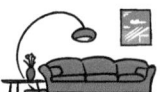

woonkamer

de Wahnstuuv

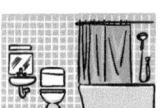

badkamer

de Baadstuuv

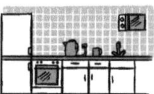

keuken

de Kööк

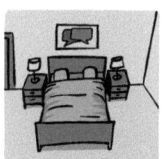

slaapkamer

de Slaapstuuv

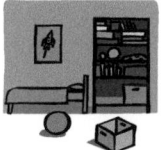

kinderkamer

de Kinnerstuuv

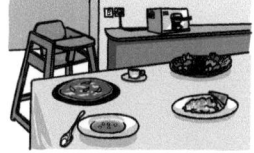

eetkamer

de Eetstuuv

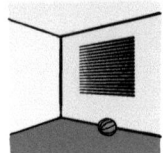

vloer

de Footbodden

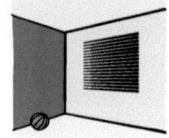

muur

de Wand

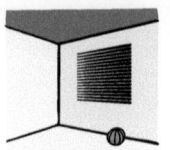

plafond

de Deek

kelder

de Keller

sauna

dat Hittluftbad

balkon

de Balkon

terras

de Terrass

zwembad

dat Swümmbad

grasmaaier

de Rasenmeiher

laken

de Bettbetog

bedsprei

de Bettdeek

bed

de Puuch

bezem

de Bessen

emmer

de Emmer

schakelaar

de Schalter

woonkamer
de Wahnstuuv

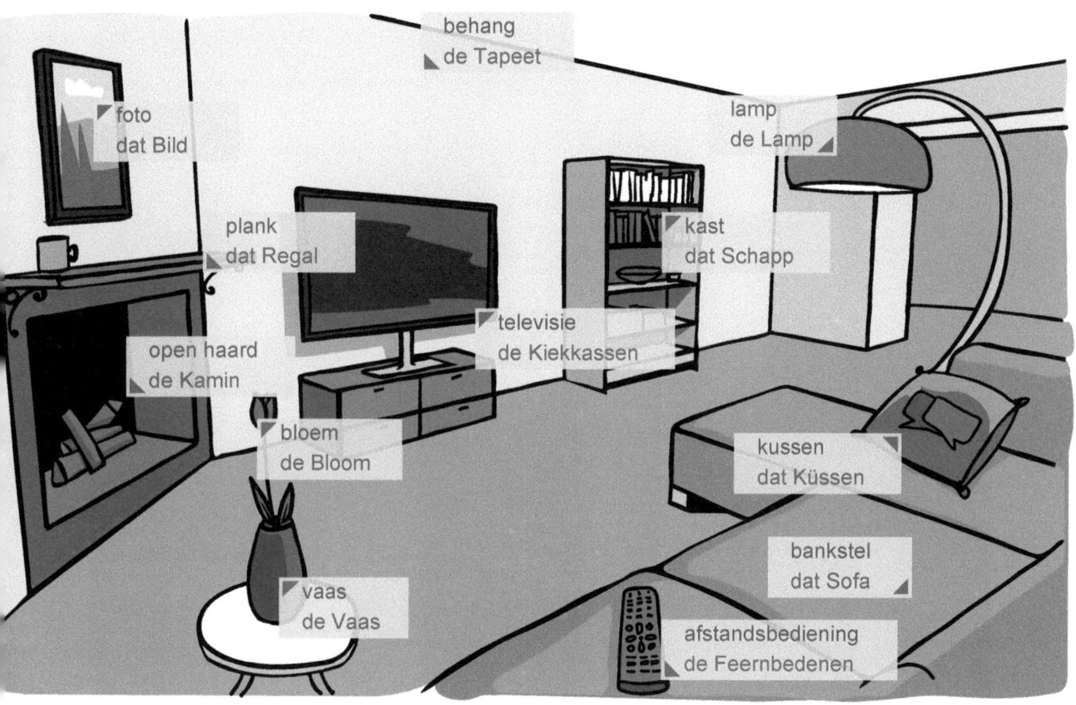
behang
de Tapeet
foto
dat Bild
lamp
de Lamp
plank
dat Regal
kast
dat Schapp
televisie
de Kiekkassen
open haard
de Kamin
bloem
de Bloom
kussen
dat Küssen
bankstel
dat Sofa
vaas
de Vaas
afstandsbediening
de Feernbedenen

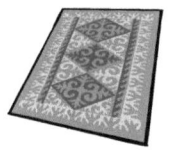

tapijt

de Teppich

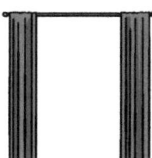

gordijn

de Vörhang

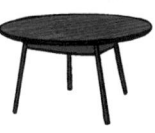

tafel

de Disch

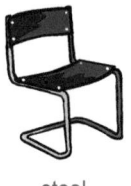

stoel

de Stohl

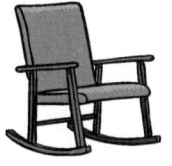

schommelstoel

de Schuckelstohl

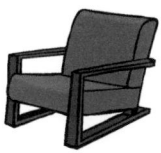

stoel

de Sessel

boek

dat Book

deken

de Deek

decoratie

de Dekoratschoon

brandhout

dat Füerholt

film

de Film

stereo-installatie

de Stereoanlaag

sleutel

de Slötel

krant

dat Narichtenblatt

schilderij

dat Gemälde

poster

dat Poster

radio

dat Radio

kladblok

de Opschrievblock

stofzuiger

de Huulbessen

cactus

de Kaktus

kaars

de Kars

keuken
de Köök

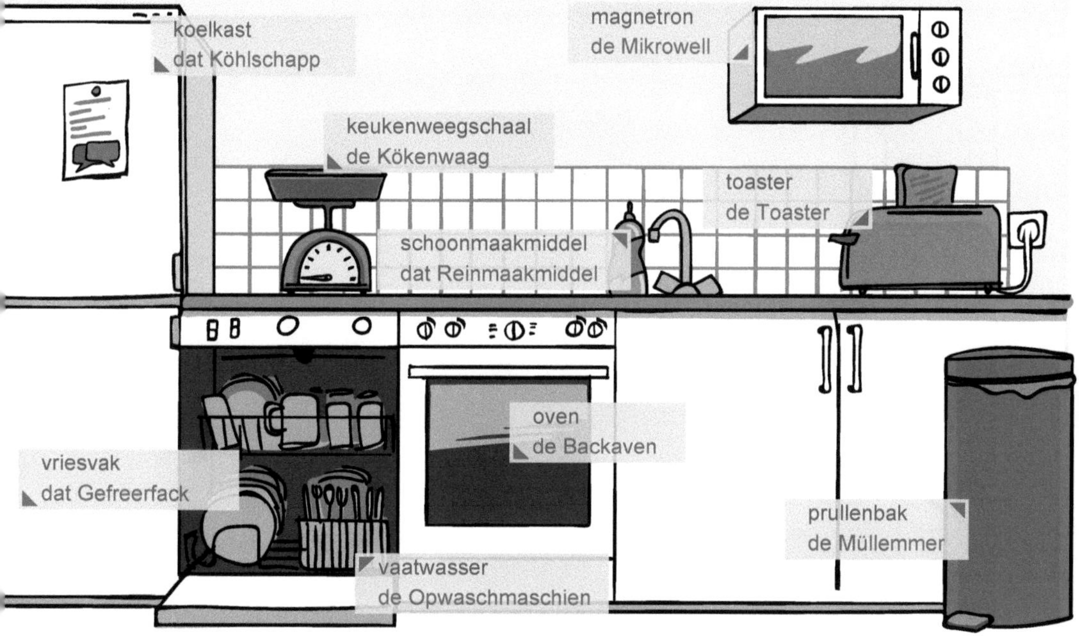
koelkast
dat Köhlschapp
magnetron
de Mikrowell
keukenweegschaal
de Kökenwaag
toaster
de Toaster
schoonmaakmiddel
dat Reinmaakmiddel
oven
de Backaven
vriesvak
dat Gefreerfack
prullenbak
de Müllemmer
vaatwasser
de Opwaschmaschien

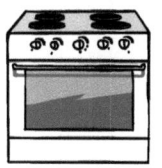

fornuis

de Heerd

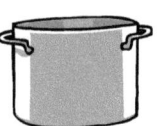

pan

de Pott

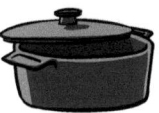

gietijzeren pan

de Gussiesern Putt

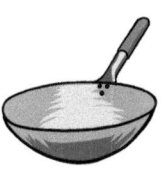

wok / kadai

de Wok / Kadai

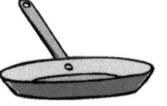

koekenpan

de Pann

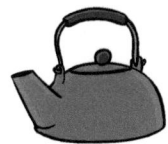

ketel

de Waterkaker

stoomkoker

de Dampkaakputt

bakplaat

dat Backblick

servies

dat Geschirr

beker

de Beker

kom

de Schaal

eetstokjes

de Eetsticken

soeplepel

de Suppenkell

spatel

de Pannenwenner

garde

de Sneebessen

vergiet

dat Kaakseef

zeef

dat Seef

rasp

de Riev

vijzel

de Mörser

barbecue

de Grill

vuurhaard

de Füerstell

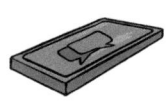

snijplank

dat Sniedbrett

deegroller

dat Nudelholt

kurkentrekker

de Proppentrecker

blik

de Doos

blikopener

de Dosenaapner

pannenlap

de Pottlappen

wasbak

dat Waschbecken

borstel

de Böst

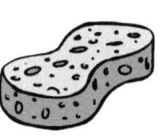

spons

de Swamm

blender

de Mixer

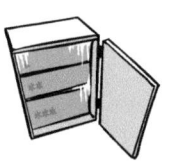

vriezer

dat Iesschapp

babyflesje

de Nuckelbuddel

kraan

de Waterhahn

badkamer

de Baadstuuv

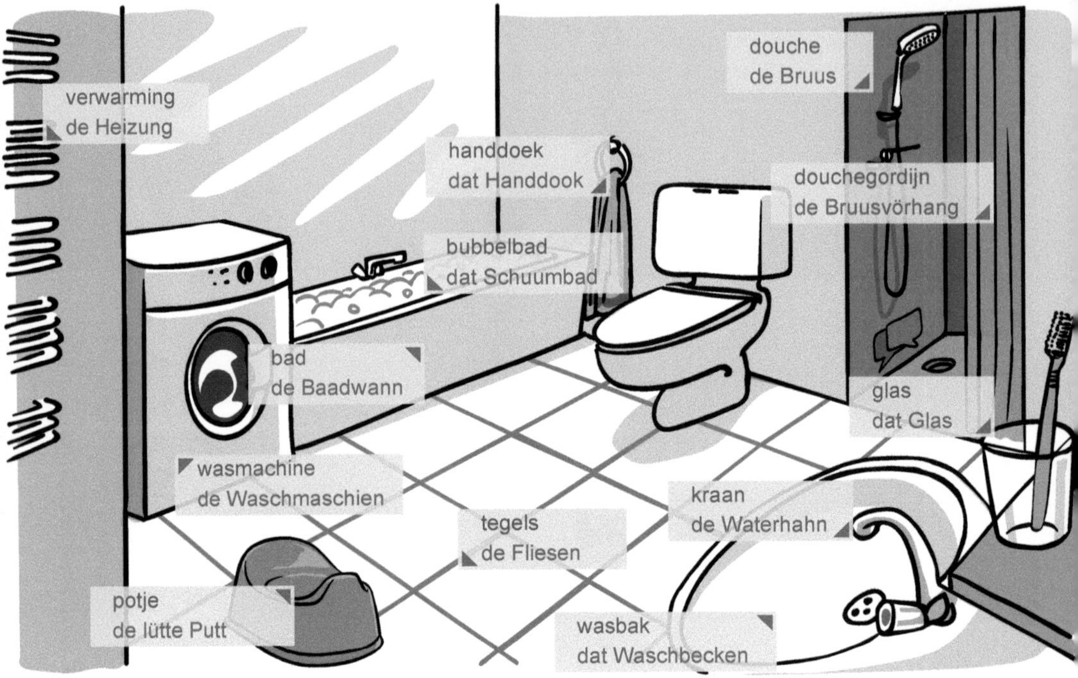

douche
de Bruus
verwarming
de Heizung
handdoek
dat Handdook
douchegordijn
de Bruusvörhang
bubbelbad
dat Schuumbad
bad
de Baadwann
glas
dat Glas
wasmachine
de Waschmaschien
kraan
de Waterhahn
tegels
de Fliesen
potje
de lütte Putt
wasbak
dat Waschbecken

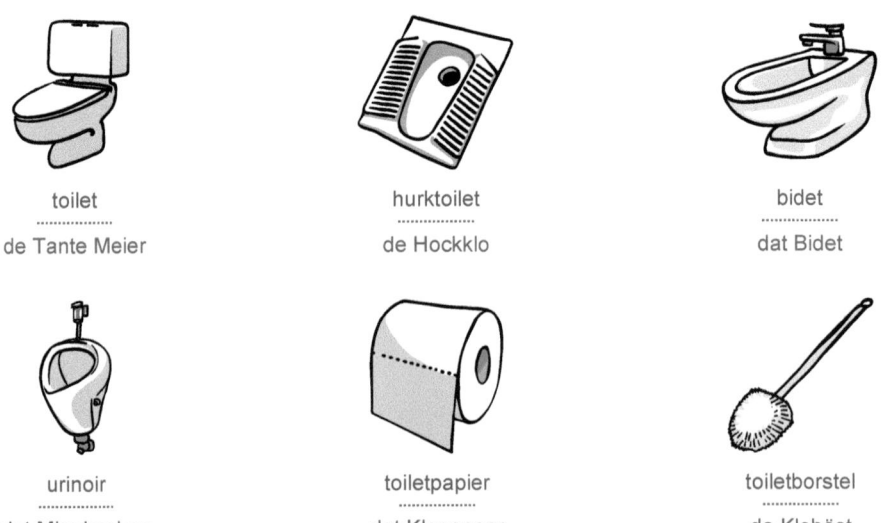

toilet

de Tante Meier

hurktoilet

de Hockklo

bidet

dat Bidet

urinoir

dat Miegbecken

toiletpapier

dat Klopapeer

toiletborstel

de Kloböst

tandenborstel

de Tähnböst

tandpasta

de Tähnpast

flosdraad

de Tähnsied

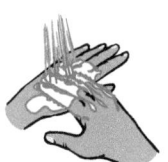

wassen

waschen

handdouche

de Handbruus

toiletdouche

de Intimbruus

waskom

de Waschschöttel

rugborstel

de Rüchböst

zeep

de Seep

douchegel

dat Bruusgeel

shampoo

dat Hoorwaschmiddel

washanje

de Waschlappen

afvoer

de Afloop

creme

de Creme

deodorant

dat Deodorant

spiegel	make-upspiegel	scheermes
de Spegel	de Kosmetikspegel	de Raserer

scheerschuim	aftershave	kam
de Raseerschuum	dat Raseerwater	de Kamm

borstel	haardroger	haarspray
de Böst	de Hoordröger	dat Hoorspray

make-up	lippenstift	nagellak
de Smink	de Lippensticken	de Nagellack

watten	nagelschaartje	parfum
de Watt	de Nagelscheer	dat Rüükwater

toilettas
....
de Kulturbüdel

kruk
....
de Schemel

weegschaal
....
de Waag

badjas
....
de Baadmantel

rubber handschoenen
....
de Gummihanschen

tampon
....
de Tampon

maandverband
....
de Damenbinn

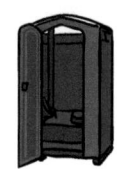

chemisch toilet
....
dat Chemieklo

kinderkamer

de Kinnerstuuv

wekker
de Wecker
knuffeldier
dat Knudeldeert
speelgoedauto
dat Speeltüüchauto
rammelaar
de Klöter
poppenhuis
dat Poppenhuus
cadeau
dat Geschenk

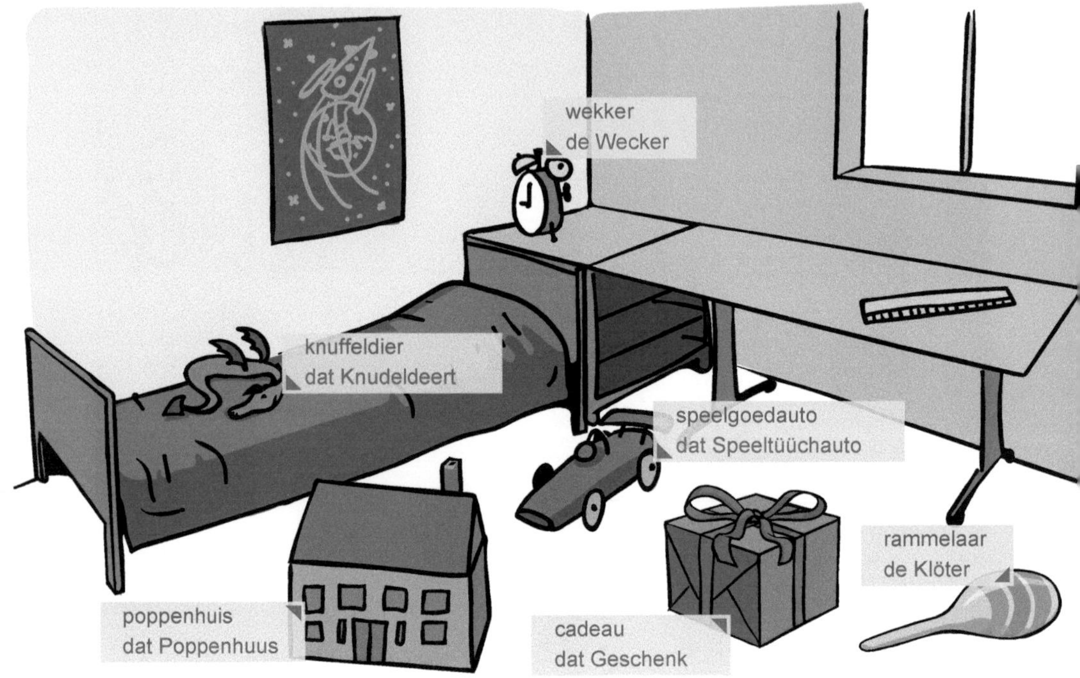

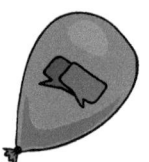

ballon

de Luftballon

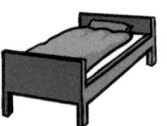

bed

de Puuch

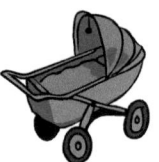

kinderwagen

de Kinnerwagen

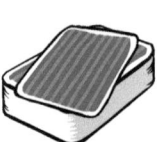

kaartspel

dat Koortenspeel

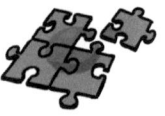

puzzel

dat Puzzle

SUPER MEGA

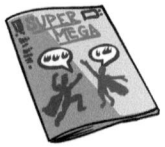

stripverhaal

de Billergeschicht

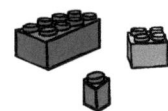

legostenen

de Legostenen

speelgoedblokken

de Bustenen

actiefiguurtje

de Action-Figur

romper

de Strampelantog

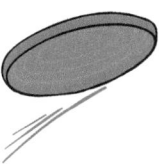

frisbee

de Frisbeeschiev

mobile

dat Mobile

bordspel

dat Brettspeel

dobbelsteen

de Wörpel

modeltrein

de Modelliesenbahn

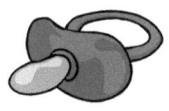

speen

de Snuller

feestje

de Party

prentenboek

dat Billerbook

bal

de Ball

pop

de Popp

spelen

spelen

zandbak

de Sandkassen

schommel

de Schuckel

speelgoed

dat Speeltüüch

spelcomputer

de Speelkonsool

driewieler

dat Dreerad

teddybeer

de Teddyboor

kleerkast

dat Klederschapp

kleding

dat Tüüch

sokken

de Socken

kousen

de Strümp

panty

de Strumpbüx

sjaal
dat Halsdook

riem
de Liefreem

paraplu
de Paraplü

T-shirt
dat T-Shirt

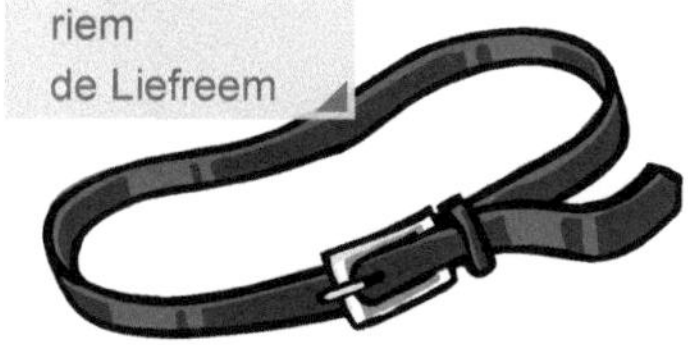

laarzen
de Stevel

pantoffels
de Puuschen

sportschoenen
de Turnschoh

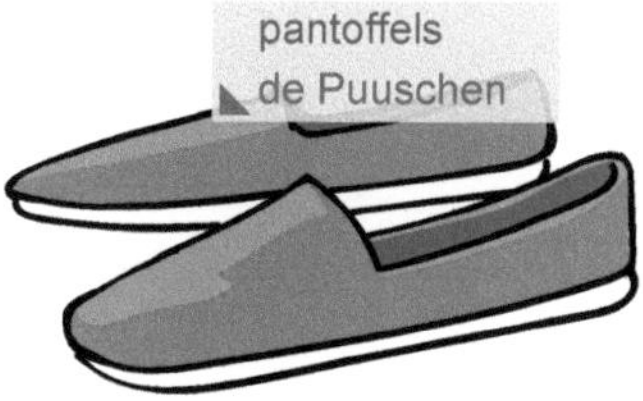

sandalen
de Sandalen

schoenen
de Schoh

rubberlaarzen
de Gummistevel

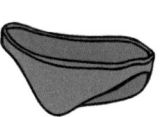

onderbroek
de Ünnerbüx

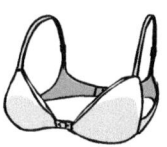

beha
de Bostholler

onderhemd
dat Ünnerhemd

body

de Lief

broek

de Büx

spijkerbroek

de Jeansnüx

rok

de Rock

blouse

de Bluus

overhemd

dat Hemd

trui

de Pullover

hoody

de Kapuzenpullover

blazer

de Blazer

jas

de Jack

mantel

de Mantel

regenjas

de Övertrecker

kostuum

dat Kostüm

jurk

dat Kleed

trouwjurk

dat Hochtietskleed

kleding - dat Tüüch

pak
de Antog

nachthemd
dat Nachtkleed

pyjama
de Slaapantog

sari
de Sari

hoofddoek
dat Koppdook

tulband
de Turban

boerka
de Burka

kaftan
de Kaftan

abaja
de Abaya

zwempak
de Baadantog

zwembroek
de Baadbüx

korte broek
de Korte Büx

trainingspak
de Antog to'n Öven

schort
de Schört

handschoenen
de Handschoh

knoop

de Knopp

bril

de Brill

armband

dat Armband

ketting

de Halskeed

ring

de Ring

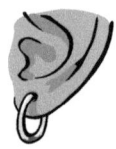

oorbel

de Ohrbummel

pet

de Mütz

kledinghanger

de Klederbögel

hoed

de Hoot

stropdas

de Binner

rits

de Rietslüter

helm

de Helm

bretels

dat Drachtband

schooluniform

de Schooluniform

uniform

de Uniform

slabbetje

de Severböten

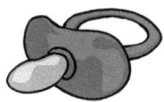

speen

de Snuller

luier

de Winnel

kantoor
dat Büro

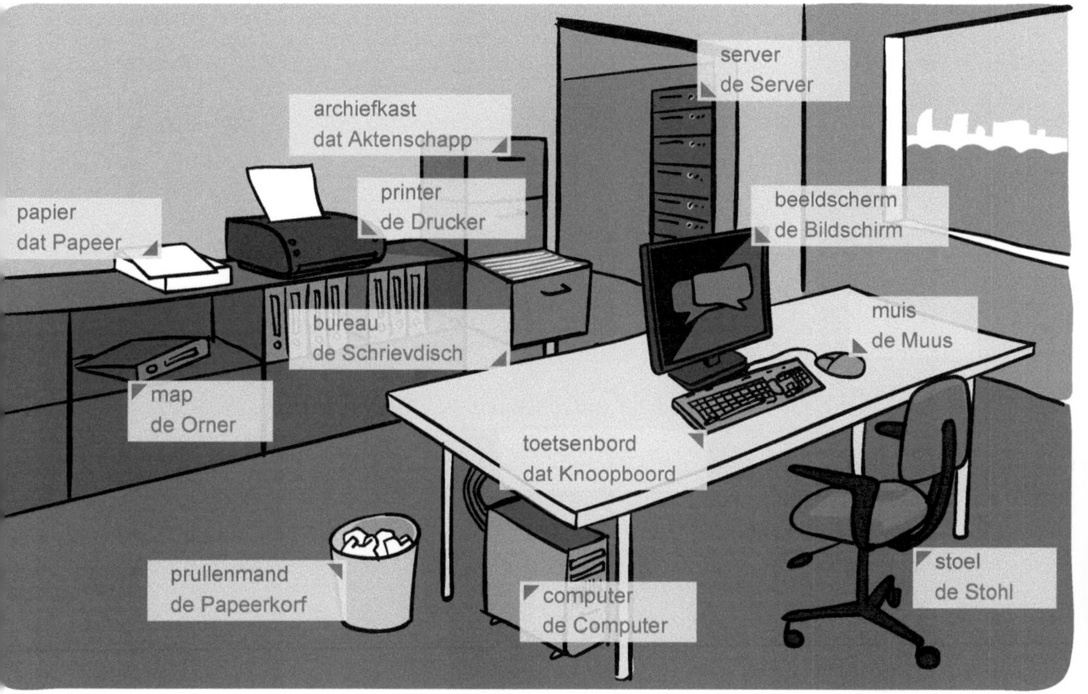

server
de Server

archiefkast
dat Aktenschapp

printer
de Drucker

beeldscherm
de Bildschirm

papier
dat Papeer

muis
de Muus

bureau
de Schrievdisch

map
de Orner

toetsenbord
dat Knoopboord

prullenmand
de Papeerkorf

stoel
de Stohl

computer
de Computer

koffiemok

de Koffiebeker

rekenmachine

de Taschenreekner

internet

dat Internet

laptop

de Klappreekner

brief

de Breef

bericht

de Naricht

mobiele telefoon

de Ackersnacker

netwerk

dat Nettwark

kopieermachine

de Kopeerapparat

software

de Software

telefoon

de Klöönkassen

stopcontact

de Steekdoos

fax

de Faxapparat

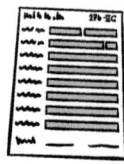

formulier

dat Formulor

document

dat Dokument

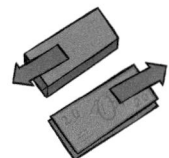

kopen
köpen

betalen
betahlen

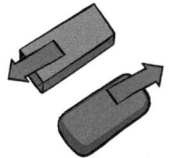

handel drijven
hanneln

geld
dat Geld

dollar
de Dollar

euro
de Euro

yen
de Yen

roebel
de Ruvel

Zwitserse frank
de Swiezer Franken

renminbi yuan
de Renminbi Yuan

roepie
de Rupie

geldautomaat
de Geldautomat

wisselkantoor

de Wesselstuuv

goud

dat Gold

zilver

dat Sülver

olie

dat Ööl

energie

de Energie

prijs

de Pries

contract

de Verdrag

belasting

de Stüer

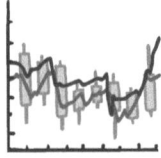

aandeel

de Andeelschien

werken

arbeiden

werknemer

de Anstellte

werkgever

de Arbeitgever

fabriek

de Fabrik

winkel

de Hökerie

beroepen
de Profeschonen

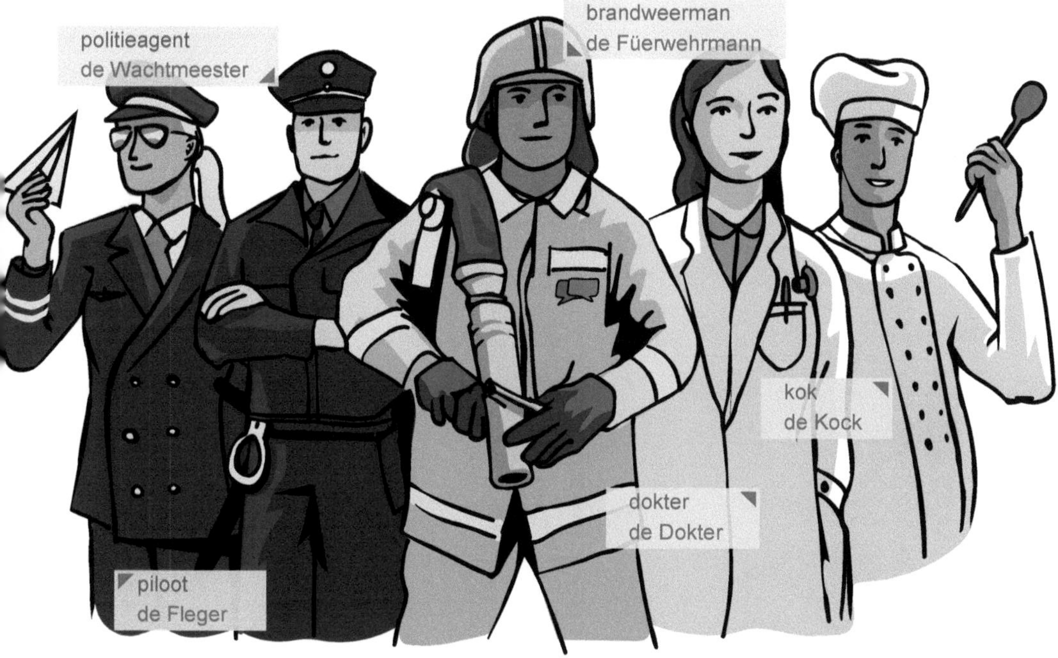

brandweerman
de Füerwehrmann
politieagent
de Wachtmeester
kok
de Kock
dokter
de Dokter
piloot
de Fleger

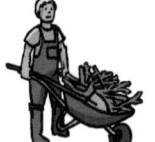

tuinman

de Goorner

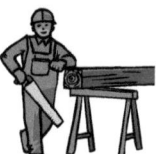

timmerman

de Discher

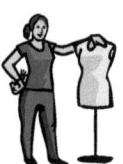

naaister

de Neihersche

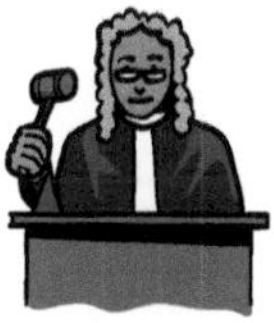

rechter

de Richter

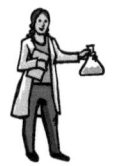

scheikundige

de Chemiker

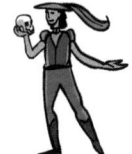

toneelspeler

de Schauspeler

buschauffeur

de Busfohrer

taxichauffeur

de Taxifohrer

visser

de Fischer

schoonmaakster

de Reinmaakfru

dakdekker

de Dackdecker

ober

de Kellner

jager

de Jäger

schilder

de Maler

bakker

de Bäcker

elektricien

de Elektriker

bouwvakker

de Buarbeider

ingenieur

de Ingenieur

slager

de Slachter

loodgieter

de Klempner

postbode

de Postbüdel

soldaat

de Suldat

architect

de Architekt

kassier

de Kasserer

bloemist

de Florist

kapper

de Putzbüdel

conducteur

de Schaffner

monteur

de Mechaniker

kapitein

de Kaptein

tandarts

de Tähndokter

wetenschapper

de Wetenschopler

rabbi

de Rabbi

imam

de Imam

monnik

de Mönk

pastoor

de Paap

gereedschap
dat Warktüüch

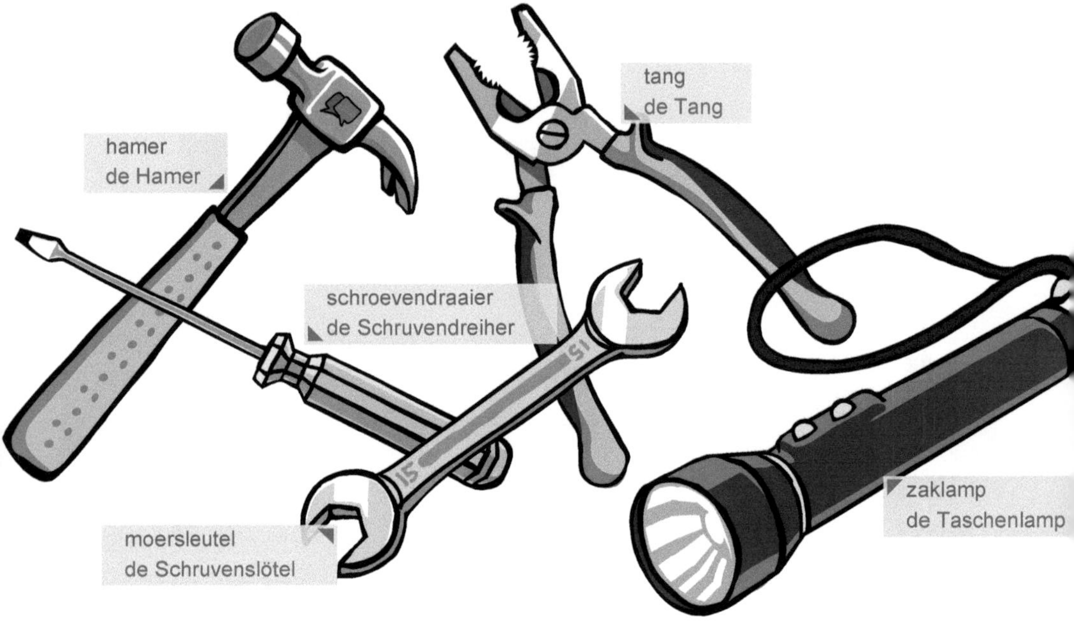
hamer
de Hamer
tang
de Tang
schroevendraaier
de Schruvendreiher
zaklamp
de Taschenlamp
moersleutel
de Schruvenslötel

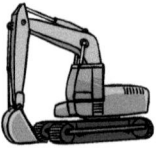

graafmachine

de Grieper

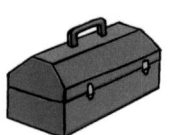

gereedschapskist

de Warktüüchkassen

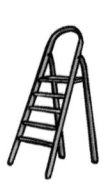

ladder

de Ledder

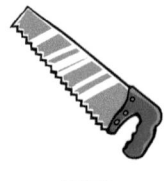

zaag

de Saag

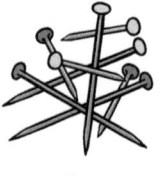

spijkers

de Nagels

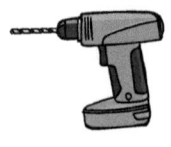

boor

de Bohrer

repareren

heelmaken

schep

de Schüffel

Verdorie!

Schiet!

stofblik

dat Kehrblick

verfpot

de Farvpott

schroeven

de Schruven

muziekinstrumenten
de Musikinstrumenten

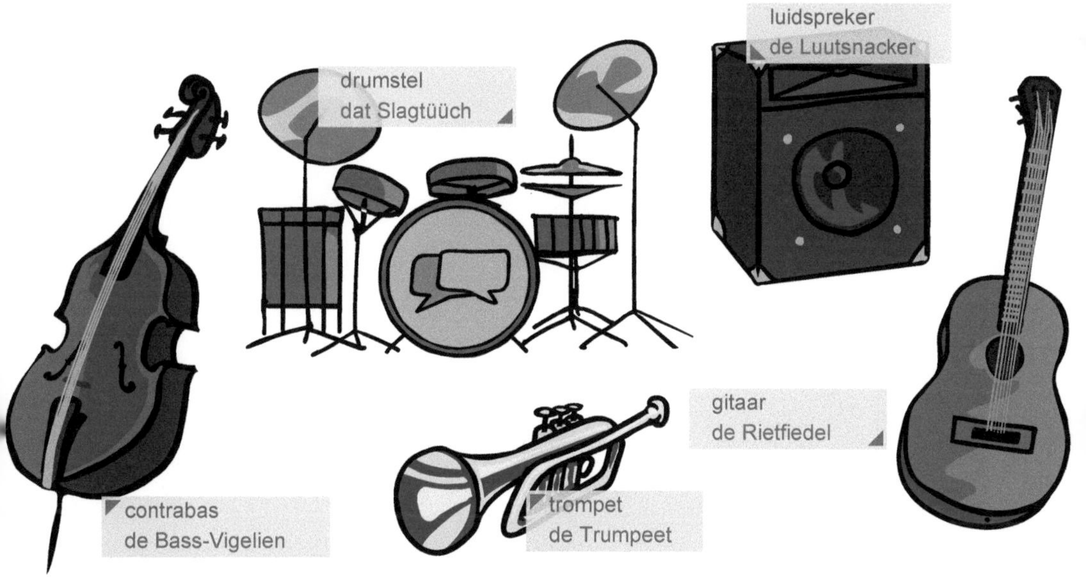

luidspreker
de Luutsnacker

drumstel
dat Slagtüüch

contrabas
de Bass-Vigelien

trompet
de Trumpeet

gitaar
de Rietfiedel

piano

dat Klaveer

viool

de Vigelien

bas

de Bass

pauk

de Pauk

trommel

de Trummeln

keyboard

dat Keyboard

saxofoon

dat Saxophon

fluit

de Fleut

microfoon

dat Mikrofoon

dierentuin
de Deertenpark

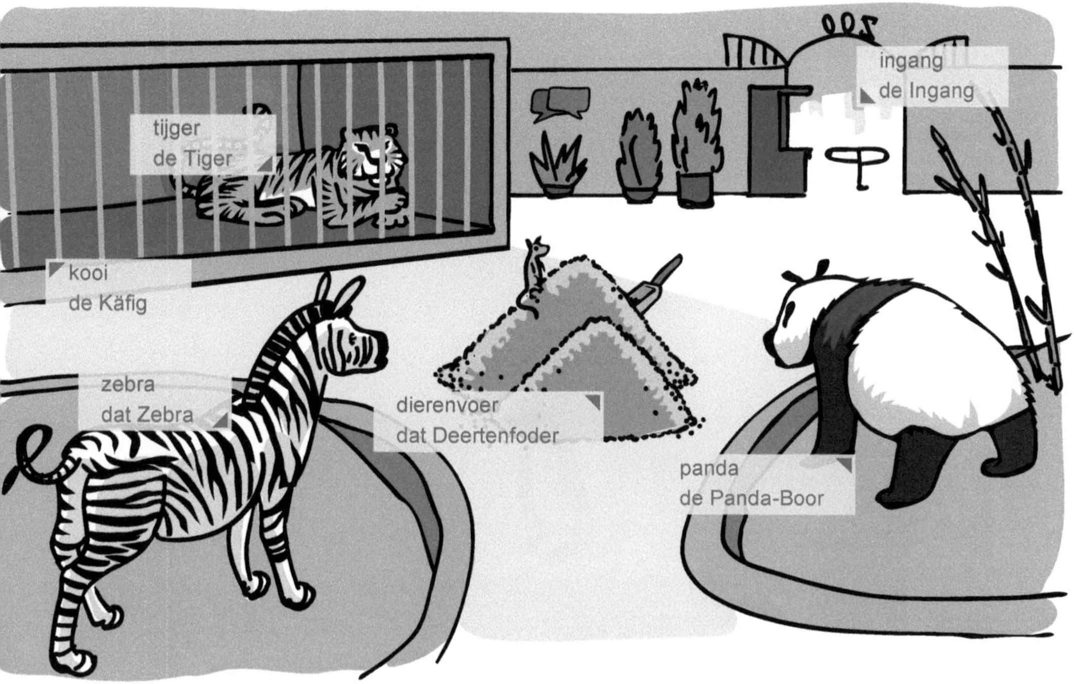
ingang
de Ingang
tijger
de Tiger
kooi
de Käfig
zebra
dat Zebra
dierenvoer
dat Deertenfoder
panda
de Panda-Boor

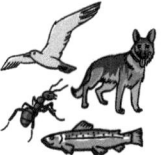

dieren

de Deerten

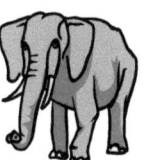

olifant

de Elefant

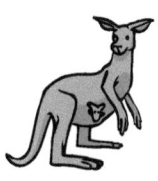

kangoeroe

dat Känguru

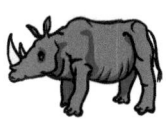

neushoorn

dat Neeshoorn

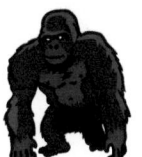

gorilla

de Gorilla

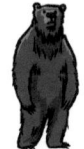

beer

de Boor

kameel

dat Kameel

struisvogel

de Struuß

leeuw

de Lööv

aap

de Aap

flamingo

de Flamingo

papegaai

de Papagoi

ijsbeer

de Iesboor

pinguïn

de Pinguin

haai

de Haifisch

pauw

de Pageluun

slang

de Slang

krokodil

dat Krokodil

dierenverzorger

de Oppasser in'n
Deertenpark

zeehond

de Saalhund

jaguar

de Jaguor

pony
dat Pony

luipaard
de Leopard

nijlpaard
dat Nilpeerd

giraffe
de Giraff

adelaar
de Aadler

wild zwijn
dat Wildswien

vis
de Fisch

schildpad
de Schildkrööt

walrus
dat Walross

vos
de Voss

gazelle
de Gazell

American football
de Amerikaansch Football

wielrennen
dat Radfohren

tennis
dat Tennis

basketbal
de Korfball

zwemmen
dat Swümmen

boksen
dat Boxen

ijshockey
dat Ieshockey

voetbal
de Football

badminton
dat Fedderball

atletiek
de Leichtathletik

handbal
de Handball

skiën
dat Skilopen

polo
dat Polo

activiteiten
de Aktivitäten

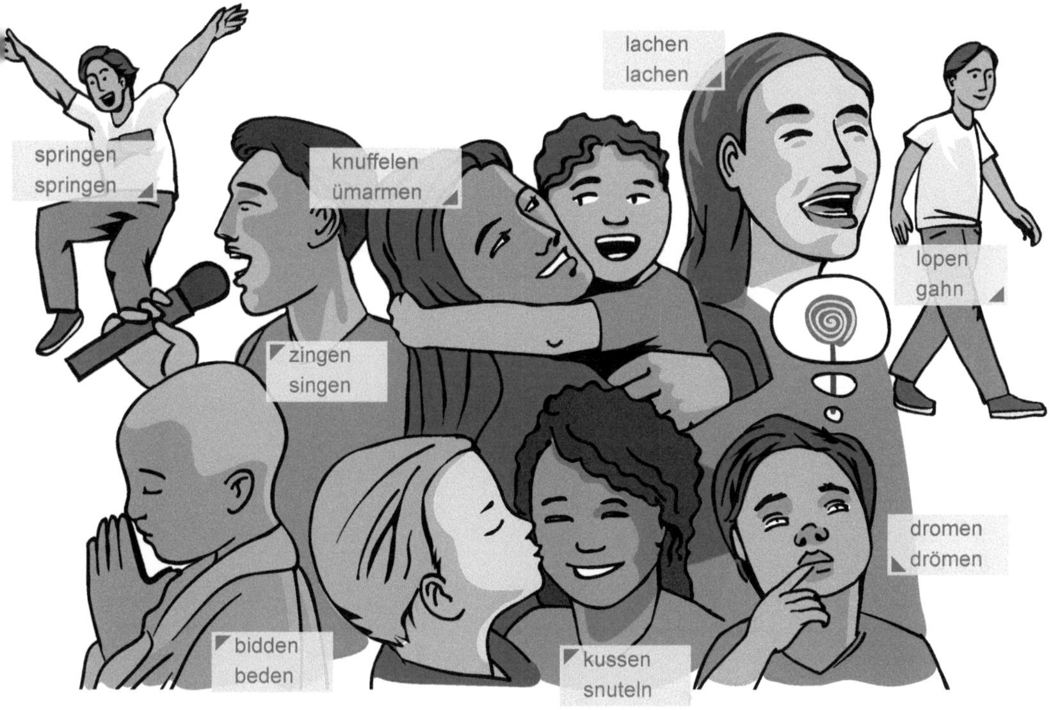

springen
springen
knuffelen
ümarmen
lachen
lachen
lopen
gahn
zingen
singen
dromen
drömen
bidden
beden
kussen
snuteln

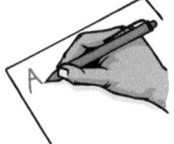

schrijven

schrieven

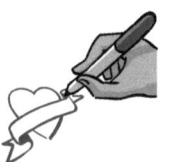

tekenen

teken

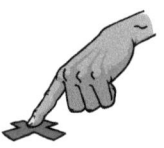

tonen

wiesen

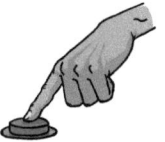

duwen

drücken

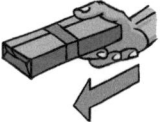

geven

geven

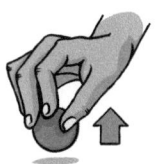

oppakken

nehmen

hebben
hebben

doen
doon

zijn
sien

staan
stahn

rennen
lopen

trekken
trecken

gooien
smieten

vallen
fallen

liggen
liggen

wachten
töven

dragen
dregen

zitten
sitten

aankleden
antrecken

slapen
slapen

wakker worden
opwaken

activiteiten - de Aktivitäten

bekijken
ankieken

huilen
wenen

strelen
eien

kammen
kämmen

praten
snacken

begrijpen
verstahn

vragen
fragen

horen
hören

drinken
drinken

eten
eten

opruimen
oprümen

houden van
leefhebben

koken
kaken

rijden
fohren

vliegen
flegen

zeilen

segeln

rekenen

reken

lezen

lesen

leren

lehren

werken

arbeiden

trouwen

de Plünnen tohoopsmieten

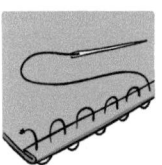

naaien

neihen

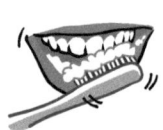

tandenpoetsen

Tähnen putzen

doden

dootmaken

roken

smöken

verzenden

schicken

familie

de Familje

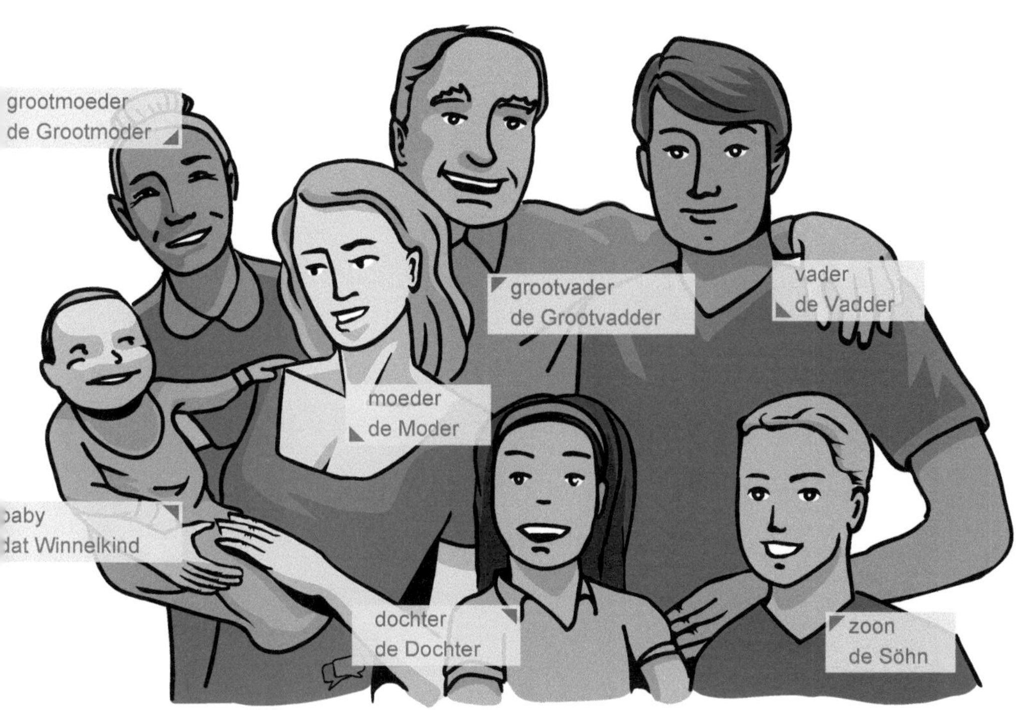
grootmoeder
de Grootmoder
grootvader
de Grootvader
vader
de Vadder
moeder
de Moder
aby
dat Winnelkind
dochter
de Dochter
zoon
de Söhn

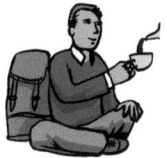

gast

de Gast

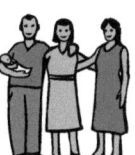

tante

de Tant

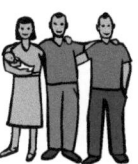

oom

de Unkel

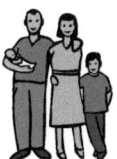

broer

de Broder

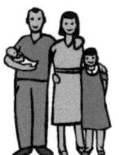

zus

de Süster

lichaam

de Lief

voorhoofd
de Vörkopp
oog
dat Oog
schouder
de Schuller
vinger
de Finger
gezicht
dat Gesicht
kin
dat Kinn
hand
de Hand
been
dat Been
borst
de Bost
arm
de Arm

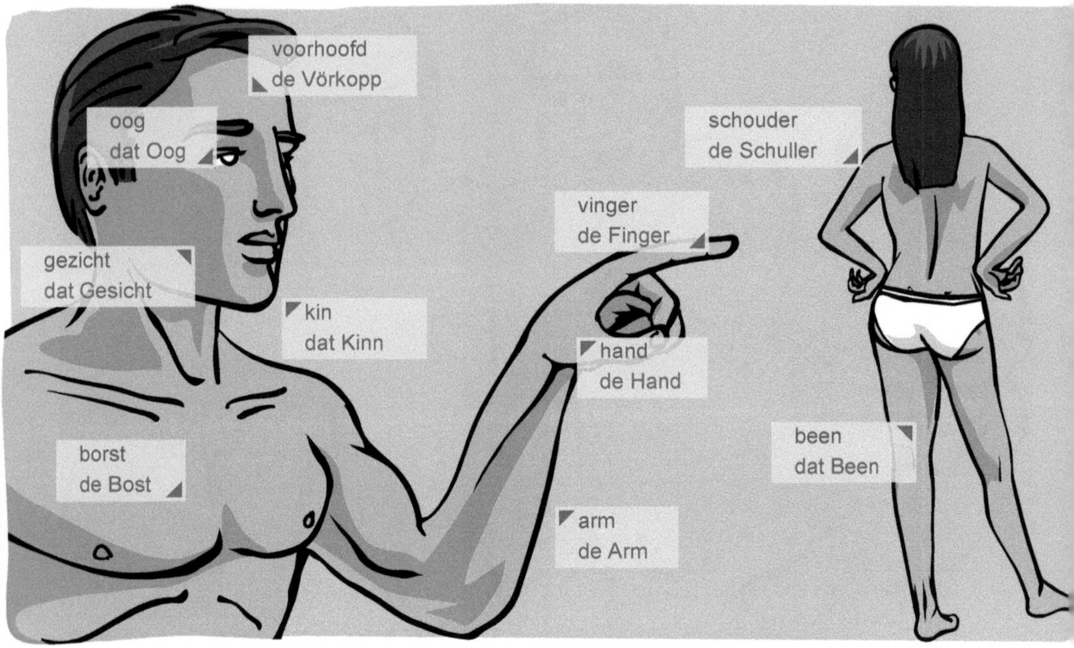

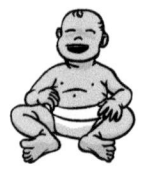

baby

dat Winnelkind

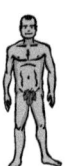

man

de Mann

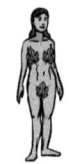

vrouw

de Fro

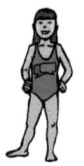

meisje

de Deern

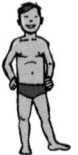

jongen

de Jung

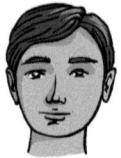

hoofd

de Arm

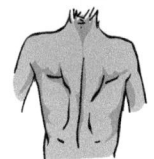

rug
de Rüch

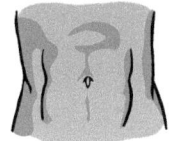

buik
de Buuk

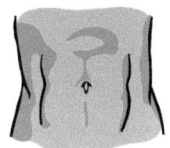

navel
de Navel

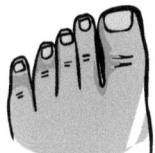

teen
de Teh

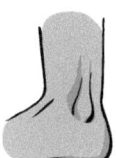

hiel
de Hack

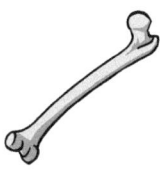

bot
de Knaken

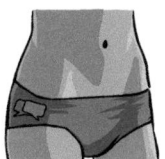

heup
de Hüft

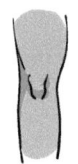

knie
dat Knee

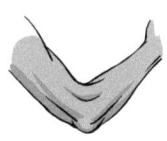

elleboog
de Ellbagen

neus
de Nees

achterwerk
de Achtersen

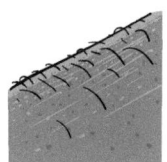

huid
de Huut

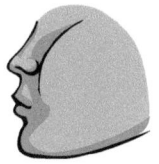

wang
de Back

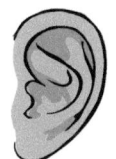

oor
dat Ohr

lippen
de Lipp

mond

de Mund

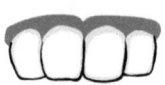

tand

de Tähn

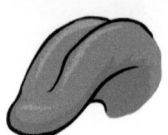

tong

de Tung

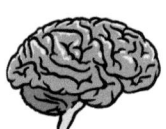

hersenen

de Bregen

hart

dat Hart

spier

de Muskel

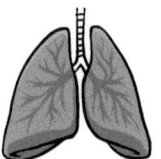

long

de Lung

lever

de Lever

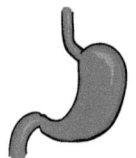

maag

de Maag

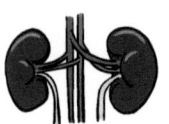

nieren

de Neren

geslachtsgemeenschap

de Bislaap

condoom

dat Kondoom

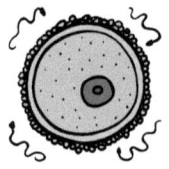

eicel

de Eizell

sperma

dat Sperma

zwangerschap

de Anner Ümstänn

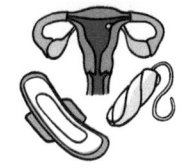

menstruatie

de Menstruatschoon

vagina

de Scheed

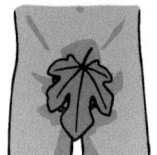

penis

de Pint

wenkbrauw

de Ogenbroe

haar

dat Hoor

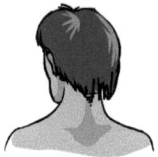

hals

de Hals

ziekenhuis
dat Krankenhuus

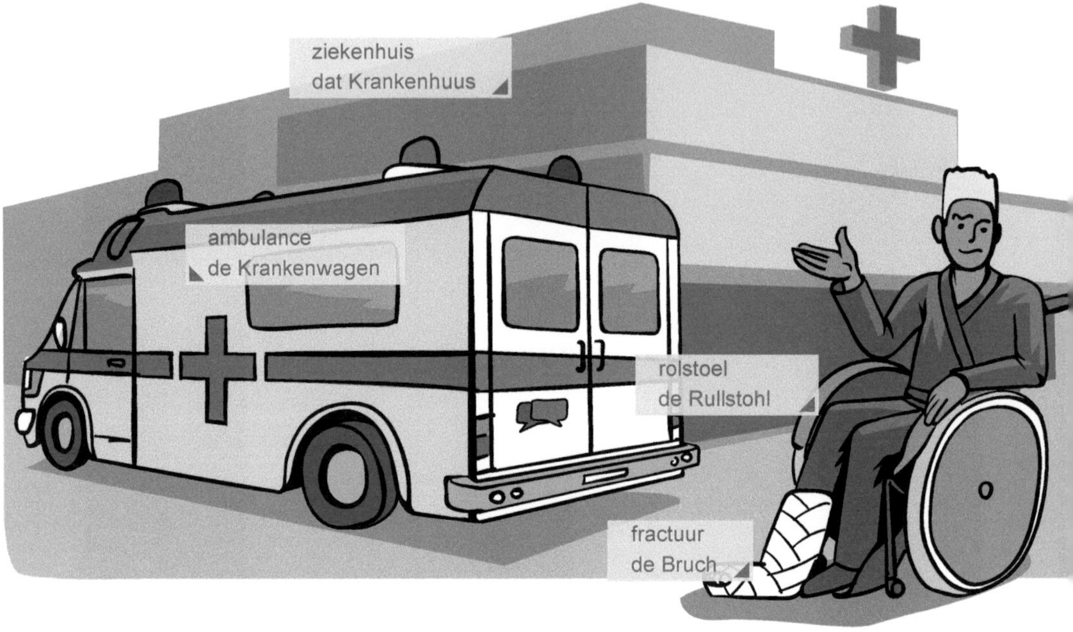

ziekenhuis
dat Krankenhuus
ambulance
de Krankenwagen
rolstoel
de Rullstohl
fractuur
de Bruch

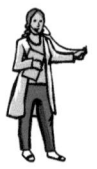

dokter

de Dokter

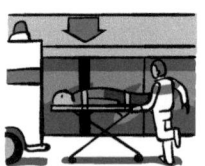

EHBO

de Nootopnahm

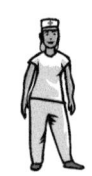

verpleegster

de Krankensüster

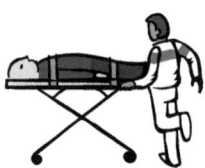

noodgeval

de Nootfall

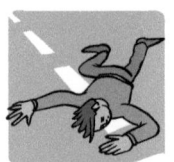

bewusteloos

ahnmächtig

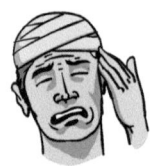

pijn

de Wehdaag

verwonding

de Verwunnen

bloeding

de Blöden

hartaanval

de Hartinfarkt

beroerte

de Slaganfall

allergie

de Allergie

hoest

de Hoosten

koorts

dat Fever

griep

de Gripp

diarree

de Dörchfall

hoofdpijn

de Koppwehdaag

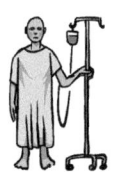

kanker

de Kreeft

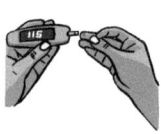

diabetes

de Zuckersüük

chirurg

de Chirurg

scalpel

dat Chirurgsch Mess

operatie

de Operatschoon

CT

dat CT

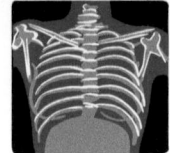

röntgen

de Dörchlüchten

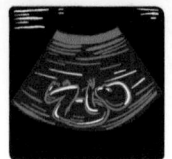

echografie

de Ultraschall

gezichtsmasker

de Mask

ziekte

de Krankheit

wachtkamer

de Töövruum

kruk

de Krück

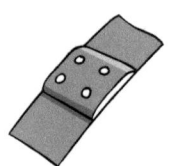

pleister

dat Plaaster

verband

de Verband

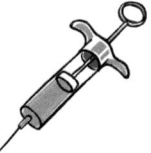

injectie

de Insprütten

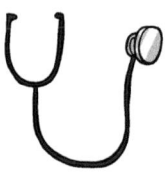

stethoscoop

dat Stethoskop

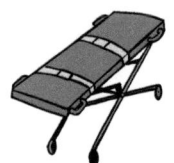

brancard

de Draag

thermometer

dat Feverthermometer

geboorte

de Geboort

overgewicht

dat Övergewicht

ziekenhuis - dat Krankenhuus

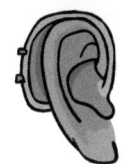

gehoorapparaat

de Höörapparat

ontsmettingsmiddel

dat Kiemfriemiddel

infectie

de Ansteken

virus

de Virus

HIV / AIDS

dat HIV / AIDS

medicijn

dat Heelmiddel

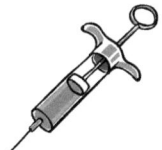

inenting

de Impen

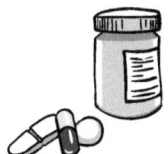

tabletten

de Tabletten

pil

de Pill

alarmnummer

de Nootroop

bloeddrukmeter

de Blootdruck-Meter

ziek / gezond

krank / gesund

Help!

Hölp!

alarm

de Alarm

overval

de Överfall

aanval

de Angreep

gevaar

de Gefohr

nooduitgang

de Nootutgang

Brand!

dat Füer!

brandblusser

de Füerlöscher

ongeluk

de Unfall

EHBO-koffer

de Noothölpkoffer

SOS

SOS

politie

de Polizei

Europa

Europa

Noord-Amerika

Noordamerika

Zuid-Amerika

Süüdamerika

Afrika

Afrika

Azië

Asien

Australië

Australien

Atlantische Oceaan

de Atlantik

Stille Oceaan

de Pazifik

Indische Oceaan

dat Indisch Weltmeer

Zuidelijke Oceaan

dat Antarktisch Weltmeer

Noordelijke IJszee

dat Arktisch Weltmeer

Noordpool

de Noordpol

Zuidpool
....
de Süüdpol

Antarctica
....
de Antarktis

aarde
....
de Eerd

land
....
dat Land

zee
....
de See

eiland
....
dat Eiland

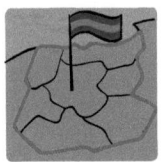

natie
....
de Natschoon

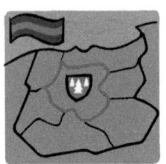

staat
....
de Staat

wijzerplaat

dat Tallenblatt

uurwijzer

de Stunnenwieser

minutenwijzer

de Minutenwieser

secondewijzer

de Sekunnenwieser

Hoe laat is het?

Wo laat is dat?

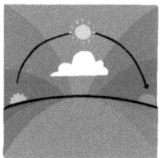

dag

de Dag

tijd

de Tiet

nu

nu

digitaal horloge

de digetaalsch Klock

minuut

de Minuut

uur

de Stunn

maandag
de Maandag

woensdag
de Middeweek

vrijdag
de Friedag

dinsdag
de Dingsdag

zaterdag
de Sünnavend

donderdag
de Dunnersdag

zondag
de Sünndag

gisteren

güstern

vandaag

hüüt

morgen

morgen

ochtend

de Morgen

middag

de Meddag

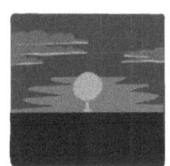

avond

de Avend

werkdagen

de Arbeitsdaag

weekend

dat Wekenenn

jaar

dat Johr

regen
de Regen
regenboog
de Regenbagen
wind
de Wind
sneeuw
de Snee
voorjaar
dat Fröhjohr
herfst
de Harvst
zomer
de Sommer
winter
de Winter

4.APRIL 11°
5.APRIL 4°
6.APRIL 13°
7.APRIL 8°
8.APRIL 10°

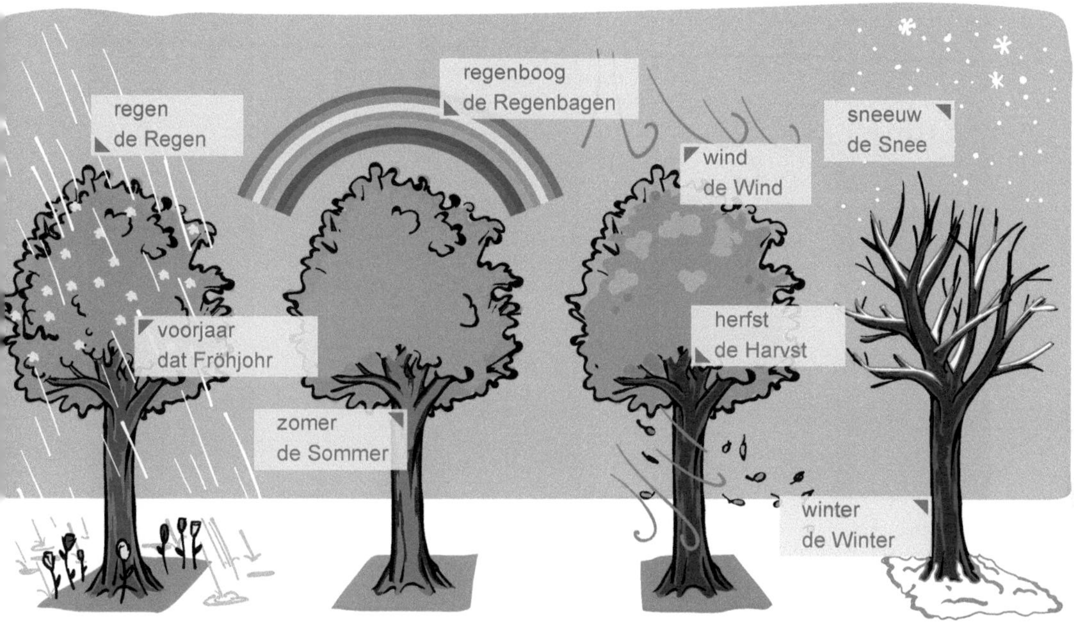

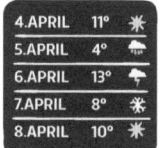

weerbericht

de Wedervörhersaag

F C
120 40
90 30
60 20
30 10
0 0
-30 -10
-20

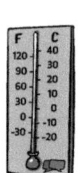

thermometer

dat Thermometer

zonneschijn

de Sünnenschien

wolk

de Wulk

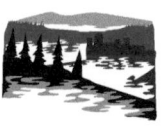

mist

de Nevel

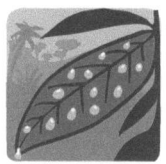

luchtvochtigheid

de Luftfuchtigkeit

bliksem

de Blitz

donder

de Dunner

storm

de Storm

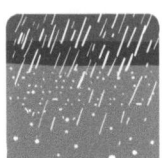

hagel

de Hagel

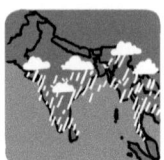

moesson

de Monsun

overstroming

de Floot

ijs

dat Ies

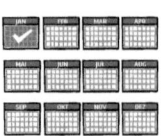

januari

de Januormaand

februari

de Februormaand

maart

de Martmaand

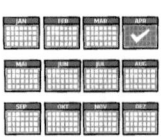

april

de Aprilmaand

mei

de Maimaand

juni

de Junimaand

juli

de Julimaand

augustus

de Augustmaand

jaar - dat Johr

september
....
de Septembermaand

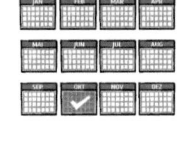

oktober
....
de Oktobermaand

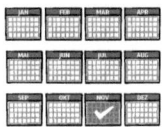

november
....
de Novembermaand

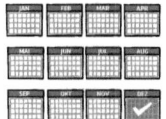

december
....
de Dezembermaand

vormen
de Formen

cirkel
....
de Krink

vierkant
....
dat Quadrat

rechthoek
....
dat Rechteck

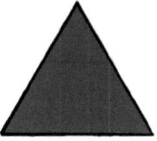

driehoek
....
dat Dreeeck

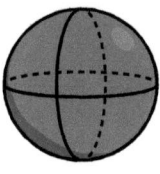

bol
....
de Kugel

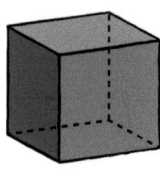

kubus
....
de Wörpel

wit

witt

geel

geel

oranje

orangsch

roze

pink

rood

root

paars

lila

blauw

blau

groen

gröön

bruin

bruun

grijs

gries

zwart

swart

veel / weinig

veel / wenig

boos / rustig

böös / verdreeglich

mooi / lelijk

smuck / mies

begin / einde

de Begünn / dat Enn

groot / klein

groot / lütt

licht / donker

hell / düüster

broer / zus

de Broder / de Süster

schoon / vies

schier / schietig

volledig / onvolledig

kumpleet / nich kumpleet

dag/ nacht

de Dag / de Nacht

dood / levend

doot / lebennig

breed / smal

breet / small

eetbaar / oneetbaar

geneetbor / nich geneetbor

gemeen / aardig

böös / fründlich

opgewonden / verveeld

fickerig / langwielt

dik / dun

dick / dünn

eerste / laatste

toeerst / toletzt

vriend / vijand

de Fründ / de Fiend

vol / leeg

vull / leddig

hard / zacht

hart / week

zwaar / licht

swoor / licht

honger / dorst

de Smacht / de Döst

ziek / gezond

krank / gesund

illegaal / legaal

nich na't Recht / na't Recht

intelligent / dom

klook / dummerhaftig

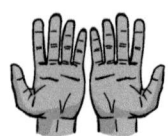

links / rechts

linkerhand / rechterhand

dichtbij / ver

neeg / feern

nieuw / gebruikt

nieg / bruukt

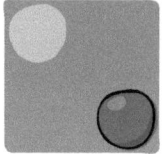

niets / iets

nix / wat

oud / jong

oolt / jung

aan / uit

an / ut

open / gesloten

apen / slaten

zacht / luid

lies / luut

rijk / arm

riek / arm

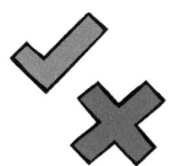

goed / fout

richtig / verkehrt

ruw / glad

ruug / glatt

verdrietig / gelukkig

trurig / glücklich

kort / lang

kort / lang

langzaam / snel

suutje / flink

nat / droog

natt / dröög

warm / koel

warm / köhl

oorlog / vrede

de Krieg / de Freden

getallen

de Tallen

0

nul

null

1

één

een

2

twee

twee

3

drie

dree

4

vier

veer

5

vijf

fief

6

zes

söss

7

zeven

söven

8

acht

acht

9

negen

negen

10

tien

teihn

11

elf

ölven

12

twaalf

twölf

13

dertien

dörteihn

14

veertien

veerteihn

15

vijftien

föffteihn

16

zestien

sössteihn

17

zeventien

söventeihn

18

achttien

achtteihn

19

negentien

negenteihn

20

twintig

twintig

100

honderd

hunnert

1.000

duizend

dusend

1.000.000

miljoen

million

Engels

dat Engelsch

Amerikaans Engels

dat Amerikaansch Engelsch

Chinees Mandarijn

dat Chineesch Mandarin

Hindi

dat Hindi

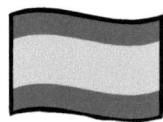

Spaans

dat Spaansch

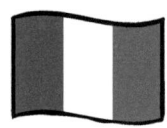

Frans

dat Franzöösch

Arabisch

dat Araabsch

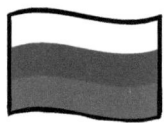

Russisch

dat Rusch

Portugees

dat Portugiesch

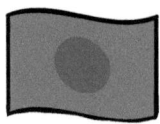

Bengalees

dat Bengaalsch

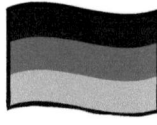

Duits

dat Düütsch

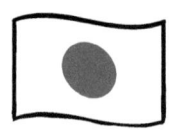

Japans

dat Japaansch

ik
ik

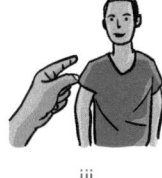

jij
du

hij / zij / het
he / se / dat

wij
wi

jullie
ji

zij
se

wie?
keen?

wat?
wat?

hoe?
woans?

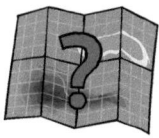

waar?
woneem?

wanneer?
wannehr?

naam
de Naam

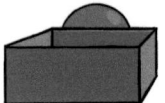

achter
....
achter

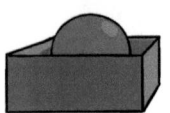

in
....
in

voor
....
vör

boven
....
över

op
....
op

onder
....
ünner

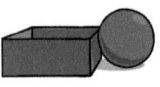

naast
....
blangen

tussen
....
twüschen

plaats
....
de Oort